UN MOT

À

MM. LES MINISTRES,

SUR

LE MONITEUR

DU 26 FÉVRIER;

PAR

Le Vte M.^{ce} DE ROCHEMORE.

Prix : 5o cent.

A NISMES,

CHEZ LA VEUVE GAUDE, IMPRIMEUR-LIBRAIRE.

MARS 1833.

UN MOT

A

MM. LES MINISTRES,

SUR

LE MONITEUR

Du 26 février.

> Le Nil a vu , sur ses rivages ,
> Le noir habitant des déserts
> Insulter par ses cris sauvages
> L'astre éclatant de l'univers.
> Cris impuissans! fureurs bizarres!
> Tandis que ces monstres barbares
> Poussaient d'insolentes clameurs,
> Le Dieu poursuivant sa carrière
> Versait des torrens de lumière
> Sur ses obscurs blasphémateurs.

LES articles insérés il y a six mois dans les journaux acquis au ministère, et relatifs à l'auguste captive de Blaye, annonçaient assez qu'un nouvel orage menaçait sa tête. Le changement de ses geoliers civils et militaires qui les avait suivis , le choix des successeurs de ses deux confidens de la justice de *nécessité*, que le juste-milieu venait de proclamer la sienne , surtout, je le dis hautement, celui de M. Bugeaud de la Piconerie (1), avaient

(1) Si M. Bugeaud l'exige, je dirai sa haine contre la branche déchue.

singulièrement augmenté les craintes que le sort de S. A. R. inspirait à ses nombreux amis , et cependant la déclaration que l'impassible et cynique *Moniteur* inséra dans sa colonne officielle du 26 février , porta la stupeur d'un bout de la France à l'autre. Les journaux amis du pouvoir, et qui se glorifient d'être ses champions, se hâtèrent de traîner une auguste infortune dans la fange au milieu de laquelle, pour plaire à leurs patrons , ils ont planté leur piquet. Les républicains gardèrent un ton modéré (il y a des sentimens d'honneur dans ce parti-là): pour nous , que rien n'atterre ; nous, qui attendons tout de la justice de Dieu et nous attendons à tout de la bassesse des hommes, notre position ne fut point changée. Légitimistes par conviction , nous défendons un principe : ce principe n'a point été entamé par le journal *des gouvernemens*. Il reste le même. Mais , à côté de ce principe sacré, la loi, la pitié pour de grandes infortunes, et l'orgueil national, avaient placé une question de personne , question qui pesait dans la balance , et le juste-milieu impuissant à la faire pencher de son côté par le poids d'une semblable monnaie , y mit son auxiliaire favorite , la calomnie ! Puisse sa haine s'arrêter là !.... Et quand j'emploie le mot de calomnie , qu'on se rappelle que, bravant les dangers qui pouvaient en résulter , la courageuse et prévoyante mère de Henri attendit, pour parachever sa délivrance , la présence des témoins légaux ; que, parmi eux , le maréchal Suchet ne peut être récusé par ses ennemis ; que les circonstances de l'événement en rendirent témoins une foule de gens pris au hasard ; et que cependant les journaux anglais qui se sont, depuis trois ans, montrés si souvent les confidens anticipés de nos iniquités gouvernementales (1), insérèrent contre la légitimité de Mgr. le duc de Bordeaux une protestation que le duc d'Orléans, premier prince du sang , se hâta de désavouer , mais qui reparut avec profusion et impunité dès que la couronne royale de Louis XIV et de Louis XVI eut remplacé sur sa tête la couronne ducale du régent et de Philippe-Égalité. Je reviens à mon sujet.

Vainement, nous dira-t-on, que le gouvernement n'a rien dit d'injurieux pour S. A. R. ; qu'il a publié un fait que son intérêt ne lui permettait pas de cacher ; qu'il l'a fait sans aucune espèce d'hostilité , et qu'il est étranger aux inductions qu'on en a tirées. Nous répondrons d'abord au fait matériel , et plus tard à ses conséquences.

Croit-on qu'il suffise qu'une ligne soit insérée au *Moniteur officiel* , pour que le fait qu'elle énonce devienne un article de foi ? Je ne sache pas que Richelet classe *officiel* comme synonyme de *positif* , et , dans tous les cas, votre *Moniteur* lui-même lui eût, depuis quarante ans , donné d'innombrables démentis. La déclaration du 26

____

(1) Notamment dans la conspiration des *Tours Notre-Dame.*

était éminemment dans votre intérêt, et elle nous venait seulement par vous : deux motifs qui , joints à votre aveu de la légalité , fille de la nécessité , eussent suffi à motiver nos doutes. Vous la faisiez paraître au moment où quatre procès, dans lesquels vous prévoyiez quatre défaites , exigeaient une puissante diversion (1). Les motifs qui avaient pu décider MADAME à la faire , existaient lors de son arrestation, comme aujourd'hui. Enfin , outre que son style sent par trop le doctrinaire, il y a une expression mal-adroite , c'est celle-ci : *le gouvernement.* MADAME n'a pas pu dire , *le gouvernement* , ce serait le reconnaître , et n'ayez garde de le croire. La publicité donnée à la déclaration de MADAME , qui , datée du 22 , était prédite dans le *Times* du 20 , aussi clairement qu'aucune des prédictions des livres saints ; cette publicité qui , selon vous , c'est-à-dire , selon vos amis et confidens , car, pour vous , vous ne vous êtes pas abaissés à la plus petite explication , devait détruire son influence sur le parti légitimiste , et par conséquent l'abattre , coïncide encore

(1) Celui de M. Chateaubriand et de la presse royaliste , acquittés ;

Celui du port La Claie, où sur quarante-cinq accusés trente-six ont échappé à la condamnation ;

Celui de Montbrison , où tous les accusés ont été acquittés , et d'après lequel l'événement de Marseille est bien reconnu pour une plaisanterie doctrinaire ;

Enfin celui de l'horrible attentat.....

avec le prompt contre-ordre apporté au désarmement de nos places frontières , et à l'ajournement du projet de réduction de l'armée ; enfin , elle est d'un jour postérieur à la sentence du juge de paix qui vous met en possession *provisoire* du domaine de Chambord. Voilà bien des raisons qui motivaient notre incrédulité , aussi fut-elle complète.

Mais , si cependant la signature apposée au bas de la déclaration du 26 est bien réellement celle de S. A. R. , il restera à savoir quelles sont les *circonstances nouvelles* et les *mesures du gouvernement* qui la lui ont arrachée. Les journaux ont depuis quelques jours beaucoup rappelé le fait historique de Lyndsey : il en est un plus rapproché de notre époque, c'est celui du savetier Simon. Enfin si, quels qu'aient été les antécédens de votre mise en possession de la déclaration du 22 , insérée seulement au *Moniteur* du 26 , cette pièce est bien réellement de MADAME , ce que nous ne croirons que quand S. A. R. rendue à la liberté nous l'aura confirmé, en quoi cela changera-t-il ses droits et notre position ? En rien. Mille exemples dans l'histoire , dont un est encore existant, attestent qu'un mariage secret n'ôte aux princesses aucuns de leurs droits. Marie-Louise , archiduchesse d'Autriche, *impératrice des Français*, puis duchesse de Parme, en devenant comtesse de Neiperg en a-t-elle été moins traitée comme princesse souveraine? et la mère des enfans du comte autrichien en a-t-elle moins été tutrice du fils de l'empereur? Je dirai plus : un mariage public avoué, un mariage ordinaire, enfin, ne prive pas les princesses même de leurs prérogatives d'étiquette. Si elles n'élèvent pas jusqu'à elles l'époux qu'elles choisissent dans un rang inférieur, elles ne descendent pas non plus jusqu'à lui, et jusqu'au jour où le *tyran Charles X* éleva le duc d'Orléans, fils de *Philippe-Égalité*, au rang d'Altesse Royale, ce prince n'était annoncé en public, et n'entrait chez le roi qu'après l'infante de Naples, sa femme, laquelle se donnait bien de garde de renoncer à ce droit. Ainsi donc, que S. A. R. Madame, duchesse de Berry, soit ou non mariée, que sa grandeur d'âme et ses malheurs aient séduit un prince puissant, ou bien qu'elle ait récompensé un soldat obscur, nous sommes sûrs que nous n'aurons pas à rougir de son choix, et nous l'acceptons d'avance. Et si encore, rendue à la liberté, Madame, en avouant la véracité de sa signature à la déclaration du 22, refusait de faire connaître son époux, que nous importe! quel qu'il soit, il n'est rien pour nous ; il ne peut donner pas plus qu'il ne peut ôter de force au titre indélébile que Madame a reçu de la nature le 29 septembre 1820, plus tard de notre opinion, et que son héroïsme a si noblement confirmé. Elle est mère de Henri ; elle est notre principe : votre insertion au *Moniteur* est donc, quant au fait, un coup d'épée dans l'eau, cherchons si, par ses conséquences, il ne vous en a pas fait recevoir un dans le pourpoint.

Vous êtes responsables à l'opinion publique de toutes les turpitudes que la presse juste-milieu a vomies contre votre captive : tout, dans la déclaration du 22, et le silence affecté que votre organe officiel a gardé depuis, oui, tout autorisait à les publier les gens assez vils pour les penser. Suivons la marche, et nous pèserons ensuite les expressions de cette pièce qui a pris un rang remarquable parmi celles qui fourniront des couleurs positives aux historiens de notre époque. Dans le mois de janvier, des soupçons outrageans sont répandus sur le compte de MADAME, qui mettent les partis en présence. Le sang coule : d'abord vous laissez faire, et quand, enfin, vous parlez, vous, pour qui c'était un devoir de le faire à l'instant même, vous qui seul pouviez décider la question ; quand vous parlez, dis-je, c'est pour envoyer en prison les champions de MADAME, sans être arrêtés par la crainte de corroborer par cette mesure une accusation odieuse qui pointait à peine à l'horison, vague et douteuse pour les plus empressés à l'admettre. Les légitimistes et les républicains sentirent bientôt que ces combats étaient une folie ; que chaque coup d'épée était une victoire pour vous, aussi les remirent-ils dans le fourreau. Mais ces bruits avant-coureurs avaient rempli leur but ; vous aviez acquis la conviction que les légitimistes , voyant dans MADAME le *palladium* de l'avenir du pays , ce serait donner à ce parti un coup de massue que de le lui ôter , et surtout de la tuer moralement. Vous aviez vu que les républicains admettraient , quoique sans intérêt , les faits qu'il vous plairait de publier ; enfin vous étiez sûrs des coassemens approbatifs du juste-milieu, c'est-à-dire , de cette foule , hélas ! si nombreuse de sangsues incessantes qui vont tous les mois retremper leur patriotisme au bureau du payeur ; et de cette autre troupe composée d'apostats, qui , sur les pas d'un journal long-temps royaliste , se sont trouvés , sans s'en douter , dans le camp de leurs ennemis , où un entêtement qu'ils prennent pour du caractère les retient à côté de quelques autres qui , vraiment méprisables , y furent jetés par un amour-propre froissé ou un excès d'ambition à bon droit déçu. Ce fut dans cette situation , et quand le résultat des bruits de janvier ne permettait pas de douter de celui qu'auraient les inductions auxquelles elle allait donner lieu , que parut la déclaration du 22. C'est ici le moment de faire remarquer que le *Times* , dans sa correspondance de Paris , à la date du 20 , parle d'un *grand coup* , d'un *acte solennel* , que la sœur et le fils de Louis-Philippe , aidés de Thiers , sont au moment d'obtenir. Il est bon d'observer aussi que la pièce , ou plutôt l'*acte solennel* qui porte le *grand coup* , est datée du 22 , et qu'elle n'a été publiée que le 26 , bien que la malle-poste ,

qui va bien moins vite qu'une estafette , ne mette
que quarante-sept heures de Bordeaux à Paris , et
que , dans cette circonstance , le télégraphe ne
fût pas de trop. On le fit bien marcher avec toutes
ses dépendances (1) pour apprendre à la France
que Casimir Perrier avait essayé de manger une
côtelette. Mais venons à la contexture même de
la pièce. Il serait difficile de nier qu'elle ne soit
écrite absolument comme elle aurait dû l'être , si
on eût voulu qu'elle fournît un texte à des com-
mentaires dont les événemens de janvier avaient
donné la certitude en même temps que l'échantillon.

En effet , *pressée par les circonstances......* ,
vos amis ont dit : *une grossesse que j'ignorais ,
ou dont je doutais quand je fus arrêtée , m'o-
blige.... Les nouvelles mesures prises par le gou-
VERNEMENT....* Vos champions ont ajouté : *m'em-
pêchant de cacher mes couches , ou de commettre
en secret le crime dont on me soupçonnait coupable il y a trois semaines........* Enfin , en ne
nommant pas l'époux de MADAME , vous avez
laissé à ses détracteurs la faculté de ne regarder
son mariage que comme un conte , un acte inventé
à plaisir , dans l'intention et la nécessité de cacher
une grossesse coupable. Me direz-vous que , la déclaration étant de S. A. R. , vous avez dû la donner

____

(1) Les dépendances du télégraphe sont les estaffettes , qui
courent dans les directions hors lignes , et qui coûtent
plusieurs milliers de francs.

telle qu'elle l'a faite. A cela je répondrai que la signature seule est peut-être d'elle ; car je persiste à croire que le corps n'en est pas, et, enfin, que l'eût-elle en entier dictée ou même écrite, puisque les *circonstances* la pressaient, que les *mesures nouvelles* du gouvernement la réduisaient à la faire, vous n'aviez qu'à ne la recevoir que quand le nom du mari y aurait été tout au long. Le gouverneur d'une ville assiégée fait aussi des difficultés pour signer une capitulation honteuse, mais, quand il y est réduit, il signe celle que lui dicte le vainqueur. Il est étonnant que M. Bugeaud, qui est un ancien et brillant officier, ne s'en soit pas souvenu dans son nouvel emploi, et l'on conviendra qu'il faut vivre par le temps qui court, et être sous l'empire du juste-milieu, pour qu'un geolier fasse une mal-adresse dans ses fonctions, pour avoir oublié ses études d'officier général. Ceci cependant serait nul, et M. Bugeaud serait absous de cette bévue, si la pièce datée de Blaye était tout bonnement née à Paris. Revenons à vous.

Si vous aviez tenu à éviter les conséquences qu'a eues la déclaration du 22, auriez-vous souffert sans y répondre, et, par conséquent, auriez-vous autorisé toutes les lâches insinuations, toutes les infâmes inductions que les journaux ennemis de la branche actuellement proscrite, et principalement les vôtres, ont déduites de la pièce qui nous occupe, et répandues sur une femme contre laquelle vous aviez, un mois auparavant, plus que toléré l'essai de leur éloquence de corps-de-garde? Avez-vous cru que nous verrions de la dignité dans le silence du gouvernement? Nous n'y avons vu, au contraire, qu'un assentiment tacite, mais enfin un assentiment. Un de vos préfets a laissé passer sans le rejeter, et, par conséquent, reçu pour le rendre à qui de droit, de l'un des plus obscurs comme aussi des plus virulens journaux qui vous soient dévoués, l'atroce compliment à Louis-Philippe de n'avoir pas reculé devant l'heureuse occasion de donner à la révolution un gage pareil à celui que Napoléon lui donna par un crime. Rentrant ensuite dans l'hypothèse de la grossesse de MADAME, que lui ne révoque pas en doute, le journaliste établit dans les deux faits une différence que ce n'est pas ici le moment de discuter. Ce qu'il m'importait de constater, c'est que vos amis, comme vos ennemis, quand ils ont voulu calculer la portée de l'événement du 26, sont par des chemins différens arrivés au même but : celui de la mort morale de MADAME, et peut-être de sa mort physique. L'article du journal que je viens de citer, parle positivement de la première, et ce même journal, que je suis fâché de trouver sur mon chemin quand je veux citer le dévouement servile au gouvernement, ou la joie quand il peut traîner même éventuellement dans la boue une femme, une princesse avec laquelle plusieurs de ses collaborateurs se disputaient l'honneur de danser

quelques jours avant sa chûte ; ce journal, dis-
je, me fournira encore la preuve que la seconde
a été mise par tous au rang des choses probables.
En effet, dans son atroce joie, dans son dé-
lire régicide et calomniateur, il disait, le 29
janvier, que « des tentatives *pour contrarier*
« *la nature* avaient pu être faites, ou pourraient
« l'être, en sacrifiant la santé de Madame à
« son honneur, ou aux intérêts de son parti.....
« dans le but, de la part de celui-ci, de sauver
« l'honneur de la princesse, en imputant au
« gouvernement un crime horrible, suite de son
« propre stratagème. »

Quant à nous, si Madame meurt dans sa prison,
nous n'accuserons pas les abonnés du journal
précité, et autres de mêmes couleurs, de l'avoir
empoisonnée ; mais nous nierons et personne ne
croira à une mort naturelle. Quant à des couches,
si une loi basée sur l'intérêt de l'état plaçait tant
et de si hauts témoins auprès de S. A. R. le 29
septembre 1820, vous avez aujourd'hui une bien
autre publicité à donner à celle que vos phrases
ambiguës et vos réticences ont fait espérer à ses
ennemis. Nous ne pensons pas qu'après les refus
apportés aux demandes des vicomtes de Conny
et d'Arlincourt, dont les noms vierges de trahi-
sons suffisaient à attester l'assentiment des roya-
listes, et garantir notre croyance en leurs pa-
roles, on vienne encore nous parler de l'offre dé-
risoire de M. Bugeaud, et du refus de Madame,

de recevoir un sieur Lacroix-Dufresne , qui est peut-être un fort honnête légitimiste , mais que personne ne connaît : ainsi il est bien prouvé qu'après avoir fait plus qu'il ne fallait pour faire croire à une grossesse coupable, on nous en refuse la preuve. Avec tous vos antécédens , vous ne poussez pas cependant l'aveuglement , je pense , jusqu'à vouloir être crus sur parole.

Mais il est temps de nous résumer , et nous allons le faire en peu de mots.

La signature de la déclaration du 22 est-elle bien celle de S. A. R. Madame, duchesse de Berry ? C'est ce que nous saurons quand elle-même nous l'aura affirmé , affranchie de vos fers, et loin de la présence de M. Bugeaud de la Piconerie , et du commissaire de police de service à l'Opéra le 13 février !!!! Cette pièce, alors seulement reconnue véritable dans son contenu, change-t-elle la position des légitimistes ? Nullement. Restent les bruits de grossesse coupable , que vous avez laissé préparer par les événemens de janvier , autorisés par les expressions de la décla ration du 22 , et approuvés par votre silence. Eh bien ! s'il ne nous est pas permis de voir Madame ; si , dans la citadelle de Blaye , des couches ont lieu, auxquelles n'assistent pas des témoins par nous irrécusables , vous ne pourrez pas récuser vous-mêmes dans l'histoire la tâche que peut infliger la plus noire , la plus lâche, la plus ignoble , et, pour être compris , la plus inutile calomnie dont l'histoire ait conservé le souvenir à la mémoire des hommes. Vous aurez porté au gouvernement que vous représentez un coup funeste ; car, voici ce qu'a dit un homme dont vous ne dénierez pas l'autorité, le général Foy : *Les empires se perdent avec Napoléon dans les nues, avec Godoï dans la boue* (1).

Mais ces preuves, que nous avons invoquées dès le premier jour, et auxquelles, pour mon compte, je n'ai jamais cru, chaque heure, chaque instant de retard à nous les fournir, vous accusent de l'impuissance de le faire. Déjà quelques âmes, plus fermes dans leur foi politique que dans leur opinion sur la moralité ou la perversité humaine, ébranlées par la force et le sang froid de l'attaque, sont revenues par le fait seul de votre refus aux différentes demandes qui vous ont été faites. Les dernières traces de leur pénible incertitude se sont évanouies devant le silence que garde la meute un moment si bruyante des journaux du juste-milieu en présence des dénégations, des attestations qui surgissent de toutes parts ; et, en comparant ce silence aux hurlemens ignobles d'une indécente joie, aux lazzis dégoûtans dont ils étaient remplis il y a à peine huit jours, elles ont remercié Dieu, et dit avec nous :

Le bonheur des méchans comme un torrent s'écoule.

(1) *Histoire de la guerre de la Péninsule*, tom. II, pag. 182.